Überzuggestaltung: Zeichnungen von Herbert Daniel
Satz: DTP-Dompteuse
Druck und Bindung:
Sebald Sachsendruck, Plauen
1 2 3 4 5 99 98 97 96 95
Auflage Jahr
(jeweils erste und letzte Zahl maßgeblich)

ISBN 3-8231-0577-9

Sylt

Ein fröhlicher Reiseführer für
Insulaner und alle, die von dieser Insel
magisch angezogen werden.

Von Armin Berninghaus und Paul Stöpel
mit Zeichnungen von Ekko Busch

TOMUS

Adler-Schiffe

A

Aal

Räuberischer, schlangenförmiger, von Kleintieren und Aas lebender Knochenfisch (hier: Anguilla anguilla), der – wie andere auch – nur selten sein Ziel erreicht: die Sargassosee östlich der Antillen, in der die Aale laichen, bevor sie in die ewigen Fischgründe eingehen.

Die Brut schwärmt, meer- und süßwassertauglich, atlantiküberquerend bis in Sylter Gewässer. Dort steht Aal – wie andernorts – hoch im Kurs. Und auf der Speisekarte. Als Delikatesse. Für alle, die gern delikat essen.

Aalern Hüs

(Sprich: Oolern Hüss.) Kein altes Haus, sondern das Elternhaus. Selbiges kann auf Sylt aber durchaus alt sein.

Abessinien

Benannt nach dem Frachter „Adrar“, der, mit Hölzern und Palmöl beladen, von großer Fahrt nach Abessinien zurückkehrend, 1935 auf der Westseite der Insel vor der Blidselbucht auf Grund lief. Unter Syltern und Kurgästen, die zum Wrack pilgern, heißt es nur: „Wir gehen nach Abessinien.“ Das ist ohnehin das einzige Abessinien, das es heute noch gibt.

Adler-Schiffe

Verdauungsabsonderungen der auf Sylt noch heimischen Seeadler stehen hier nicht in Rede. Gemeint sind Ausflugsschiffe, die zu Hallig- und Inselfahrten ablegen. Aufgrund der von Fahrgästen gesammelten Erfahrungen, und um beim Thema zu bleiben, sollte man sie tunlichst umtaufen: in Möwen-Schiffe.

Altersstruktur

Die große Zahl exklusiver Antiquitätengeschäfte ist Hinweis auf die A. der Sylt-Langzeiturlauber.

Apotheke (Griech.: Ablage, Vorratsraum.) Einrichtung, die die Bevölkerung mit Arzneimitteln versorgt. Die erste A. wurde auf Sylt 1825 in Keitum, dem damaligen Hauptort der Insel, von dem in Tondern ansässigen Apotheker als Filiale eröffnet. Zuvor hatte der für die 2500 Sylter zuständige staatlich angestellte Landschaftsarzt auch die Arzneimittel verkauft. Heute gibt es auf Sylt sieben Apotheken, die allesamt existieren können. Ein ungelöstes Rätsel dieses Eilands. Denn die beste A. ist dort die Natur.

Archsum Der Name dieser zu Sylt-Ost zählenden Siedlung klingt archaisch, und das ist der Ort, wenn man auf seine Ursprünge blickt. A. bestand wohl schon vor 2000 Jahren mit einer Burganlage, die von 1963 bis 1983 freigelegt und als ein „Troja des Nordens" angesehen wurde. Welche Bedeutung diese Burganlage einmal hatte, verschwimmt im Nebel der Überlieferungen. Nach Hans Kielholts Chronik (um 1450) gab es auf Sylt heidnische Völker mit mehr als seltsamem Glauben, denen es verwehrt war, das Plateau der Burg – vielleicht Kultstätte damals – zu bebauen. Inzwischen hat man das Terrain bebaut. Für alte Heiden ist das nicht nur seltsam, sondern auch kaum zu glauben.

Aufkleber Sylt-Silhouette. Der Syltaufkleber ist dem Känguruh nachempfunden und dem Urlauber gewidmet, der nach den großen Sprüngen auf der Top-Ferieninsel mit leerem Beutel nach Hause kommt.

Austernweg Zwei Kilometer lange Wanderroute in List, die über drei Straßen verläuft. Sie erinnert an einen dänischen König, der ab 1587 den gesamten Austernfang für seinen und des Hofes Verzehr vereinnahmen ließ. Inzwischen werden Au-

Aufkleber

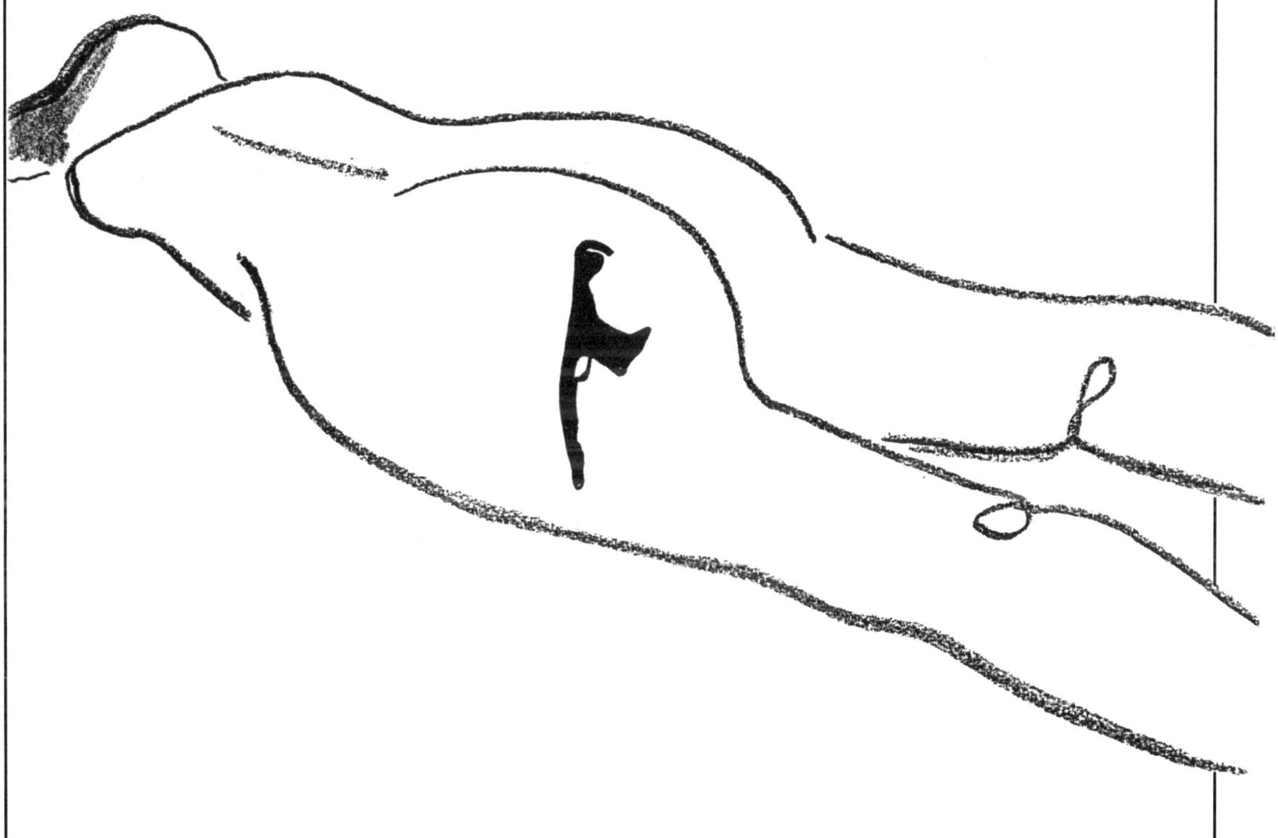

Bernstein

stern gezüchtet und in vielen Lokalen angeboten. Sie sind vom Preis her erschwinglich, aber trotzdem nicht jedermanns Sache.

B

Bargeld

Die inzwischen auch bei Durchschnittsverdienern beliebten T+E-Karten – Statussymbol für Solvenz – werden auf Sylt wegen der von den Kartenausstellern erhobenen Umsatzprovisionen nicht von allen Geschäftsleuten akzeptiert. Merke: Bargeld und Euroschecks schützen vor Zahlungsunfähigkeit.

Bernstein

Abgeleitet von Brennstein (engl. to burn = brennen), griechisch Elektron (daher Elektrizität, weil durch Reiben elektrostatisch aufladbar), 55 bis 35 Millionen Jahre altes verhärtetes Kiefernharz. Wird auch auf Sylt, vor allem nach Sturmfluten, angeschwemmt, kann zu Schmuck verarbeitet werden und ist begehrtes Sammelobjekt von Strandläufern. Bernsteinstücke an Syltstränden sind klein, bestenfalls wenige Zentimeter groß, und daher nicht leicht auszumachen. Tip: Wo Tuul angespült wird, aus der letzten Eiszeit stammende vertorfte Waldbodenstücke, ist auch Bernstein zu finden. Und diese Dinge wirft das Meer seit Tausenden von Jahren an den Strand. Wie klein ist der Mensch, wie groß ist das Meer. Wenn jemand ein Stück Bernstein sieht – oder auch Tuul –, schnell danach bücken. Aber, bitte, mit etwas Demut.

Bernsteinweg

Bernstein, auch Gold des Meeres genannt, kann man bei bewegter See dort finden. Der B. führt um die Nordostecke der Insel, die auch Ostindienfahrerhuk genannt wird, weil in dieser langgezogenen Bucht 1751 ein Kauffahrerschiff gestrandet war. So schwer kann es sein, nach einer Fahrt über Ozeane den nahen, sicheren Hafen zu erreichen. Wahllos und unberechenbar, scheint es, greift das Meer Beute. Wahllos und unberechenbar, scheint es, spült es Schätze an Land: Bernstein.

Bienen

Auf Sylt gibt es nicht nur flotte B. (siehe Müller), sondern auch honigsammelnde B. (Apis mellifica), die die Tracht sommertags meist von Rapsfeldern eintragen. Und: Auf Sylt wurde vor Jahrzehnten eine Bienenart mit der Königin namens Thusnelda gezüchtet, die als besonders sammelfreudig und friedfertig gilt. Damit der Imker einen Stich bekommt. Aber nicht gestochen wird.

Biikebrennen

Heidnischer Brauch, vermutlich zu Ehren Wodans, bei dem am Vorabend (21. Februar) des Petritages meist auf einem vorgeschichtlichen Grabhügel Holz und eine teergefüllte Tonne entzündet werden. Früher Abschiedsfest für Sylter Wal- und Robbenfänger.

Einst wetterten gegen diese vorchristliche Überlieferung die Sylter Pastoren Bahnsen, Rienau und Gleiss. Da loderten auf dem Keitumer Thinghügel gleich drei Teertonnen, darauf die Buchstaben B, R und G. geschrieben standen. Bauer Nann Mungard hatte die Feuer entfacht und kam vor Gericht. Doch er wurde freigesprochen, denn, so Mungard, die Buchstaben stünden nicht für die Geistlichen, sie bedeuteten nur „Brenne recht gut“. Und damit hatte das Bäuerlein sicher eine zündende Idee.

Nach wie vor ist B. ein Freudenfest für alle. In den Gasthäusern gibt es Grünkohl und Schweinebacke, und es wird

Bienen

„Es soll ja in diesem Jahr wieder so fürchterlich viele Bienen am Strand geben!“

Blanker Hans

getanzt. Und die Kinder haben anderntags schulfrei. Wodan sei's gedankt.

Bikini

Das ökonomische Prinzip des knappen zweiteiligen Badeanzugs besteht darin, ein bestimmtes Ergebnis (z. B. hohe Zuschauerzahlen) mit geringstem Aufwand zu erreichen. Merke: Steigerungen sind möglich. Noch weniger wäre noch mehr gewesen.

Blanker Hans

Nicht der – na, Sie wissen schon – am männlichen FKK-Besucher, sondern: die glatte „blanke" Nordsee, die in solchem Zustand mit einem Springtidewasser auch Küstenstriche überfluten kann. Für Sylt-Urlauber ist der Blanke Hans indes das Nonplusultra der Badefreuden, quasi ein „blitzblanker Hans".

Blaumuschel

a) Mytilus edulis, auch Mies- oder Pfahlmuschel, typische Meeresfrucht, da der Inhalt eßbar, die Schale aber nicht. Die B. wird auf mancherlei Art zubereitet, am bekanntesten ist die rheinische, d. h. Garen in Wurzelsud. Für Freunde frisch zubereiteter Muscheln herrscht in den Monaten mit „r" Hauptsaison.

b) Speiserestaurant in Munkmarsch, hier herrscht in den Monaten ohne „r" Hauptsaison, hat eine Vielzahl von Verehrern – weil Liebe durch den Magen geht.

Braderup

Zu Wenningstedt gehörig, ermöglicht mit dem Nis-Puck-Weg (2 km, 45 Min.) eine Wanderung durch Sylter Urlandschaft mit unter Naturschutz stehenden Heideflächen. Nis Puck, nach dem diese Route benannt ist, ward seit langem nicht mehr gesehen. Vielleicht hat der kleine Meermann sich endgültig in eine Höhle am Watt zurückgezogen. Früher soll er, sagt die Sage, häufiger klammheimlich in Frie-

Buhnen
DURCHGEBEN! WIR FLIEGEN JETZT ALLE ZUR BUHNE 16!

senhäusern Quartier bezogen und dadurch Glück und Wohlstand bewirkt haben. Wenn heute dort der Haussegen mal schief hängt, ist ja wohl die Frage gestattet: Nis Puck, wo bleibst du denn?

Brisen-Klömbjes

Sylter Spezialität, man könnte sie auch Wind-Bonbons nennen. Sorgen in der Tat, so man sie lutscht, für frische Brise, für frischen Wind in Hals, Nase, Rachen und Bronchien. Bringen dem Wohlbefinden Gewinn. Sollen, sagen Verkäufer und Produzenten, auch darüber hinaus gewinnbringend wirken. Eine Feststellung, die – schätzt man den Umsatz – widerspruchslos hingenommen werden muß.

Buhnen

Gradlinig vom Ufer ins Meer errichtete Schutzwerke, die die Strömung ablenken, die Brandung brechen und die Ablagerung von Sand und Schlick begünstigen sollen. Die ersten B., aus Holzpfählen bestehend, entstanden 1867 vor der Sylter Westküste. 1899 war bereits ein 22 km langer Strandbereich mit B. versehen. Den Pfahl-B. folgten Bauwerke aus Stein, später solche aus Eisen und Stahlbeton. Inzwischen „zieren" den Weststrand gar keine B. mehr. Denn gegen den Abbruch Sylts bieten auch sie keinen Schutz. Die Naturgewalten sind ein paar Nummern zu groß. Apropos Nummer: Die B. sind – Ordnung muß sein – numeriert. Eine besondere Nummer war lange Zeit B. 16 am Nacktbadestrand nördlich von Kampen. Inzwischen ist das nichts Besonderes mehr. Es gibt mehrere FKK-Strände. Auch bewachte, damit nichts passiert. Beim Baden versteht sich.

C

Carmen Sylva

Pseudonym einer Vertreterin des Hochadels, unter dem sie gefühlvolle Gedichte und Erzählungen veröffentlicht, aber auch einen nicht minder von Dankgefühl erfüllten Brief an die Badedirektion Westerland gerichtet hat. Nachdem sie dort 1888 mit acht Personen, Gefolge und Dienerschaft, in Villa Roth einen Ferienaufenthalt verlebt hatte. Carmen Sylva, 1843 als Prinzessin zu Wied geboren, 1869 König Karl von Rumänien angetraut, war schon vor über hundert Jahren eines der gekrönten Häupter, die der Insel Reverenz erwiesen haben. Deshalb gilt: Urlaub auf Sylt, das ist die Krönung.

Corl, Käpt'n

Sylter Originale heißen wohl bevorzugt mit Vornamen Karl, wie Barkeeper Karlchen (siehe dort) oder wie hier – allerdings mit C. geschrieben – Kapitän Carl Christiansen, Corl genannt, 1864 in Westerland geboren, auf allen Meeren zu Hause, bis er 1902 bei der Sylter Dampfschiffahrt-Gesellschaft anheuerte. Für sie schipperte er bis 1927 die Fähren von Hoyer nach Munkmarsch. Danach fungierte Corl als Führer bei Inselrundfahrten und nannte sich Strandkapitän. Gerühmt wurden seine Schlagfertigkeit und sein schelmenhafter Humor. Beispiel: Ein Inselneuling, seewärts blickend, fragte, ob das alles Meer sei. Corls Antwort: „Nee, da sind auch Fische drin!" Damit, keine Frage, wußte der Fragesteller schon einiges mehr über das Meer.

C.P.H.

= Christian Peter Hansen, geb. 1803, beigesetzt 1879 in Keitum, 30 Jahre Schullehrer, Organist und Küster auf Sylt, umfassend gebildeter Autodidakt, unbestritten bedeu-

Corl, Käpt'n

Dikjendeel

„Und wenn du immer geradeaus schaust, da liegt Amerika!“

tendster nordfriesischer Chronist seiner Zeit. An ihn erinnert, neben seiner Grabstätte, in Keitum die C.-P.-Hansen-Allee. C.P.H. hat als Cicerone fundierter Veröffentlichungen legitime Nachfolger gefunden, voran den Leiter der Akademie am Meer in Klappholttal. Wie man dorthin gelangt? Über den Dr.-Wedemeyer-Weg! Pardon, bis heute gibt es den noch nicht; aber irgendwann wird das wohl fällig!

D

Deichgraf Wahladeliger, der die Lochfreiheit von Deichen zu gewährleisten hatte. Spätestens seit Kurt Tucholsky wissen wir um die Bedeutung dieser Aufgabe für alle Hinterdeichler, Hinterbänkler und Hinterfrager. Denn manches wird durch ein Löchlein entwertet. Weil an einer Stelle davon etwas nicht ist, gilt das ganze Übrige nichts mehr. Allerdings fielen Tucholsky nur so profane Beispiele ein wie Jungfrau, Fahrschein oder Luftballon.

Dikjendeel Hört sich an, als käme hier das dicke Ende, und das stimmt beinahe. Gemeint ist das Ende eines Deichtales. Wer weitergeht, ist über dem Berg bzw. Deich.

Dingwall Nachläufer der Dorfbrunnenquasselstrippen, die die neuesten Nachbarschaftsnachrichten verbreiteten, und Vorläufer der heutigen Zeitung. Ehedem, bevor Preußen das Sagen hatten, wurden amtliche Bekanntmachungen auf Sylt meist per D. mitgeteilt, einem Zettel, der um einen Stock, den Burstock, gewickelt war und den man von Haus zu Haus reichte. Auf dem Zettel standen die zur Lektüre empfohlenen obrigkeitlichen Anordnungen. Inzwischen wird – ohne Dingwall – in Sachen Anordnungen, Verordnungen und der aufgrund ihrer Fülle daraus resultierenden Unordnungen weitaus mehr angezettelt als damals. Und alles ohne Burstock. Doch den brauchte man wieder mal, um die Verursacher der wachsenden Gesetzesflut zur Einsicht zu bringen.

Dünem ruus (Sprich: Dünnnom ruus.) Klingt wie das Postulat an einen Schmachtlappen, den Raum zu verlassen, ist aber im Sylterfriesisch der Name der auf der Insel wachsenden Dünenrose.

Dwaarslöper Auch Dwaarsloper, niederdeutsch für Querläufer, Bezeichnung für den Taschenkrebs, der sich seitlich bewegt und in der Nordsee vorkommt. Es gibt ihn in der Größe von winzig bis etliches mehr. Die allergrößten sind auf Sylt selbst anzutreffen, wenn die (Nacht-)Lokale schließen. Dann krebsen sie zu ihrer Unterkunft.

E

Ebbe und Flut Auch Tide oder Gezeiten genannt, tritt an allen Meeresküsten in unterschiedlicher Stärke auf, aber immer nach dem Motto: „Das Wasser kommt, das Wasser geht.“ Selbst für die Urlauber auf Sylt sind die Ge(h)zeiten unumstößlich programmiert: Sie überfluten – mit vollen Taschen – die Insel und ge(hn bei)zeiten, wenn Ebbe in der Kasse ist.

Ekke Nekkepen Kein im nächsten Winkel nächtigender Berber, sondern Meergott der Sylter Sage. Sprachwissenschaftler sehen in E. N. die Fri(e)sierung der griechisch/römischen Namen

Dwaarslöper

	Nereus und Neptun. So, wie Castrop-Rauxel die lateinische Bezeichnung für Wanne-Eickel ist.
Einteiler	a) Sylt-Besucher, der mit schmalem Urlaubsbudget auf die Insel kommt, die Mittel aber so einsetzt, daß er noch am letzten Tag satt wird und Geld für die Heimreise hat. b) Damenbadeanzug, von dem Ästheten behaupten, sein Charme liege in der Füllung. Allerdings lehrt die Erfahrung, daß Badenixen, bei denen alles richtig verteilt ist, Bikinis bevorzugen oder gleich zum FKK-Strand gehen.
Ellenbogen	Nördlichste Sylter Landzunge mit Königshafen als zentralem Bereich, nicht auf die dort anzutreffenden, erholungsuchenden Gäste zu münzen, denen zu Unrecht Ellenbogenmentalität nachgesagt wird. In Wahrheit sind das keine Ellenbogenmenschen, sondern Leute, die die Ärmel bis zu den Ellenbogen aufkrempeln.
Erlebnisgastronomie	... wird beim Begleichen der Rechnung zum unvergeßlichen Erlebnis.

F

FKK-Strand	Strand für oben ohne, unten ohne, also ganz ohne. Man ist ohne prestigehebendes Outfit nur noch derjenige, welcher (diejenige, welche). Da 70 von 100 aller Sylt-Urlauber FKK-Strände bevorzugen und die Insel als Domizil für Besser- und Bestverdienende gilt, dürfte eines feststehen: Hier können all jene, die sich – auch dem Finanzamt gegenüber – sonst peinlich bedeckt halten, endlich und in aller Öffentlichkeit eine Blöße geben.

FKK-Strand

Flaschenpost

„Du hast recht, mein Junge, da ist eine Nachricht drin!“

Flaschenpost	a) Werturteil über eine Telekomschwester. b) Wassergebundenes Transportmittel für Informationen. c) Brief eines Dünnbrettbohrers.
Flutkantentherapie	Ungefährliche Gratwanderung (wenn nicht Sturmflut herrscht) zwischen Meer und Festland, dort, wo Brandungsspurenelemente und Sauerstoff voll in die Lunge getankt werden können. Zisching (siehe dort) erhöht die heilsame Wirkung. So kann man meilenweit gehen... Stop – jetzt keine Schleichwerbung, und schon gar nicht in diesem Zusammenhang!
Flutkalender	a) Zeigt die Tide an. Könnte, solange der Mond die Erde umkreist, für alle Ewigkeiten festgeschrieben werden, hängen doch die Gezeiten, Ebbe und Flut, von den Mondphasen ab. Da heutzutage aber mit Recht daran zu zweifeln ist, was auf Dauer noch Gültigkeit hat. wird der F. Jahr für Jahr neu geschrieben und in den Kurverwaltungen kostenlos abgegeben. b) Besucherstatistik, die die Hauptsaison als Höhepunkt (quasi Springtide) vermerkt, weil dann Urlauber die Insel überfluten. Richtig Ebbe gibt es danach aber das ganze übrige Jahr auch nicht. Sylt hat immer Gäste. Denn der Besucherstrom ist etwas anderes als der Gezeitenstrom. Anmerkung und das Positive: Beide Ströme sind, abgesehen von Toleranzen, inzwischen gut zu berechnen.
Freikörperkultur	Trotz des Buchtitels nun mal Spaß beiseite und in allem Ernst: Es ist schon so etwas wie Kultur, eine durchgeistigte seelische Gepflegtheit, den unbedeckten Körper den Einflüssen von Licht, Luft und Wasser anheimzugeben, strebend nach dem klassischen Ziel „mens sana in corpore

sano“ (ein gesunder Geist möge in einem gesunden Körper wohnen). Südlich des Klappholttals, dort, wo die Ideale der Freideutschen Jugend bis heute nicht versandet sind, gab es den ersten FKK-Strand. Ferdinand Avenarius (1856 – 1923), Kunst- und Kulturförderer, Autor, Verleger, ist dieser Entwicklung um viele Jahre voraus gewesen. Allerdings nur teilweise. Voraus, weil er schon 1903 ohne alles in Licht und Luft badete. Teilweise, weil das nur in einer von außen nicht einsehbaren Dachstube, dem „Storchennest“, in einer Kupferwanne seines Hauses Uhlenkamp in Kampen möglich war. Was damals für die Dachstube galt, gilt heute für die prüden Zwänge jener Zeit: Dafür fehlt jede Einsicht.

Friesenhaus

Genauer: Uthlandhaus, also Haus auf dem Uthland, dem Land vor der schleswig-holsteinischen Westküste, Haus mit tief herabgezogenem Reetdach und niedrigen Türen und Fenstern. Diese Bauweise, so wird überliefert, habe der Dänenkönig Gotrik verfügt und angeordnet, daß die Haustür an der Nordseite liegen müsse. Dadurch sollten sich die unbeugsamen Friesen jedesmal, wenn sie aus dem Haus traten, gen Norden, zum Sitz der Obrigkeit hin, verneigen. Doch die Friesen brachten an der Ostseite eine höhere Ebbertür (Obertür) an, durch die sie ungebeugt gehen konnten. Wer aber die Nordtür benutzte, ging rückwärts hinaus. Nicht, um den devot gebeugten Rücken zu zeigen. Wohl eher den verlängerten.

Friesenkeks

„Friesenkeks für unterwegs“, rief einst – lang ist’s her – eine hübsche Verkäuferin in Landestracht im Bahnhof Westerland den Fahrgästen der Inselbahn (siehe dort) zu. Friesenkeks, eine uralte Spezialität? Weit gefehlt! Otto Wieder-

Friesenhaus

Golfstrom

mann, Sohn eines Hotelbesitzers aus Weimar, der, jungvermählt mit Klara Wünschmann aus Westerland an deren Geburtsort 1896 in der Strandstraße „Wiedermanns Wiener Cafe“ eröffnet hatte, ersann 1900 das Rezept für die Gebäckspezialität, die sofort reißenden Absatz fand. Zusätzliche Konditoren mußten eingestellt werden. Zugegeben, der Schöpfer war ein Sachse – aber die Zutaten kamen (und kommen) nun wirklich aus Friesland.

Friesentorte

In Sachen Feingebäck halten die Nordlichter sahnig-sanft gegen das kakaobraun-festere Südstaaten-Produkt aus der Sacher-Metropole. Was jeweils besser schmeckt, ist, wie immer, Geschmackssache. Aber die F. hat es in sich, mit rumgetränkten Rosinen. Genau wie der Pharisäer. Bei dem merkt man auch erst, was drin war – nämlich ebenfalls Rum –, wenn man den Kaffee auf hat. Sollte jemand etliche Pharisäer getrunken haben, hat er den Kaffee endgültig auf.

Fuchsbau oder Kupferkanne

Unterirdische Kommandozentrale der Marine im Dritten Reich. Macht heute als originelle Kneipen-Cafe-Parkanlage den Besitzer reich. Hier steht der teils selbstbedienende Gast im Mittelpunkt und damit allen anderen häufig gewollt im Weg. Das abendliche Getümmel entspricht dem Durcheinander bei Luftangriffen.

G

Golfstrom

Ist in deutschen Landen nur zu beobachten, wenn sich die Crème de la crème der Golfspieler zu den German Masters in Baden-Baden trifft und die Zuschauer zu diesem Ereignis strömen. Diesem einmaligen Spektakel setzt Sylt die

Kontinuität des G. mit erwärmtem Meerwasser aus dem Golf von Mexiko entgegen, der der Insel ein besonderes Reizklima mit großen therapeutischen Möglichkeiten und den Touristenstrom beschert.

Gosch

Millionenschwerer Fischhändler, der den Markt (nicht nur) auf Sylt beherrscht. Mag ja sein, daß er den Grundstein mit der G. durch gekonntes Marktschreien gelegt hat. Denn sicher ist er nicht auf den Mund gefallen. Schon gar nicht auf den Kopf.

Grünkohl

Früher Arme-Leute-Essen, heute auch in Sylter Nobel-Restaurants auf der Speisekarte. Kann, wie alle Kohl-Gerichte, bei Menschen mit empfindlichem Magen Blähungen bewirken. Soll nach Detlev v. Liliencron (Ballade „Pidder Lüng") für Henning Pogwisch, von 1470 bis 1479 Amtmann und damit Steuereintreiber von Tondern, über alle Maßen unbekömmlich gewesen sein. Als nämlich der Hörnumer Fischer Lüng seine Steuerzahlungsunfähigkeit beteuerte und als Beweis auf das für die Seinen und sich in einem Topf garende karge Mahl verwies, habe Pogwisch verächtlich in den Grünkohlsud gespuckt, worauf Lüng besagten Pogwisch durch Tauchen des Kopfes in das Eintopfgericht für immer zum Schweigen brachte. Geschichtsforscher meinen, die Sache habe sich so nie zugetragen. Trotzdem ist an der Überlieferung ein beherzigenswerter Kern: Man soll anderen nicht in die Suppe spucken.

Gungwai

Bodenständiges Gegenstück zur Gangway, die sicher jeder kennt, der schon einmal per Flugzeug unterwegs war. G. – in Morsum heißt eine Straße so – bedeutet einfach Weg durch den Acker. Natürlich gibt es Snobs, die nur über die

Gosch

Halligen

Gangway schreiten und den G. mißachten. Bei Sylter Naturliebhabern sollten sie sich schleunigst vom Acker machen.

H

Halligen

Aus dem Englischen, halluk = Hügel, Erhebung. Zehn kleine, äußerst dünn besiedelte Marscheninseln vor der schleswig-holsteinischen Westküste. Sie entstanden nicht wie Sylt, Amrum und Föhr durch Abtrennung vom Festland, sondern durch Schlickablagerungen nach der großen Sturmflut (siehe dort) 1362. Die Inseln werden heute durch Küstenschutzmaßnahmen gesichert. Sollte jemand, der glaubt, er sei reif für die Insel, auf Sylt nicht zurechtkommen, kann er sich einer Halligklausur unterziehen.
Wetten? – spätestens danach ist er wieder reif für das Festland.

Heckenrose

Hier Kamtschatka-Rose (Rosa rugosa Thunberg), kam 1850 nach Europa, 1920 nach Sylt und blüht dort während der warmen Jahreszeit in roter und weißer Pracht. Allein das sollte für alle, die gern in Poesie schwärmen, ein Grund sein, Sylt im Sommer zu besuchen. Denn, wie heißt es im Lied: „Schön blüh'n die Heckenrosen..." Und was danach kommt, im Lied oder auf Sylt, ist ja noch viel schöner.

Heimstätte für Heimatlose

Alles Leben, so weiß man heute, begann einst mit Mikroorganismen und kommt aus dem Meer. Das Meer hat, myriadenfach und mehr, Leben gespendet. Es hat, milliardenfach und mehr, Leben genommen. Eine Begräbnisstätte für

Tote, die vom Meer angeschwemmt wurden, hatte Strandvogt Wulf Hansen Decker 1854 in Westerland anlegen lassen. 1855 wurde dort der erste, 1905 der 53. unbekannte Tote aus dem Meer beigesetzt. Längst ist der Friedhof geschlossen, aber er blieb als Gedenkstätte erhalten. Und heißt immer noch „Heimstätte für Heimatlose". Warum nur? Denn vielleicht galt für manchen, dessen Gebeine hier ruhen, die Stelle aus dem Sailor-Song: „Meine Heimat ist das Meer..." Und Sylt liegt doch so nah daran.

Herbstzeit a) Ökologisch unbedenkliches Entlaubungsmittel.
b) Zeit der Herbstzeitlosen, das sind erstens Pflanzen (Colchicum) aus der Gattung der Liliengewächse mit schönen, meist rosa Blüten, aber giftigem Samen und zweitens Menschen schon reiferen Alters, die es zur H. des Lebens noch einmal richtig lose treiben möchten. Deshalb gilt die H. auf Sylt auch als
c) Casanovas Indian summer, begleitet von grauen Schläfen und – wenn eine Herbstzeitlose denn bereit ist – den je nach Fortschritt der H. noch möglichen Beischläfen.

Hindenburgdamm Eisenbahnverbindung zwischen Sylt und dem Festland, 1927 eingeweiht und Beweis dafür, daß das, was lange dauert, endlich gut wird: 50 Jahre wurde geplant, vier Jahre gebaut – und heute dauert die Überfahrt zehn Minuten. Am Anfang verkehrten fünf Züge täglich, heute sind es in der Saison fast hundert. Und die meisten Sylt-Urlauber reisen – per Bahn – im Auto an. Wofür die Bahn nicht alles gut ist.

Hörnum Name aus dem Friesischen, heißt Heim auf dem Horn, womit die südliche Landzunge Sylts gemeint ist, einst breiter

Herbstzeit

„Aber denk daran, was wir im Sommer hätten bezahlen müssen!“

Hünengräber

„Und sind das Hünengräber, Karl?!"

und damit dünenreicher als heutzutage. Mittlerweile ist es auf H. durch Landraub der Nordsee etwas enger geworden. Trotzdem hat der Badeort noch bequem Platz für 25 500 Feriengäste, für Jugendherberge, -heime und -lager, und Voraussetzungen für Kneipp- und Kneipkuren findet man allemal. H. ist seit mehr als fünf Jahrzehnten Marinestützpunkt, Schiffsverbindungen führen von und nach dort bis Hamburg. Auch das Ausbildungszentrum für das Sanitätswesen des Heeres hat in Hörnums alter Marinekaserne seinen Sitz. Tip für weibliche Singles und einsame Herzen: Die Präsenz der Auszubildenden gewährleistet, daß unbürokratisch Erste Hilfe geleistet wird, auch Mund-zu-Mund-Beatmung.

Hünengräber

Auch Megalithgräber, monumentale steinerne Grabanlagen, die bis zur Bronzezeit errichtet wurden und von denen es auf Sylt, das damals zum Festland gehörte, ca. 800 gibt. Zu besichtigen ist das Hünengrab Denghoog zwischen Wenningstedt und Kampen. Die Gebeine dessen, der hier einstmals beigesetzt wurde, ruhen heute im Kieler Landesmuseum. Gut so, denn er maß nur etwa 1,60 m. Und für „kleine Leute“ ist Sylt heute nicht mehr zu empfehlen.

I

Ing und Dung

Der Sage nach zwei Schwestern, die den Turm der im 12. Jahrhundert in romanischem Stil errichteten Keitumer Kirche gestiftet haben sollen. Der Turm, dreigeschossig, Satteldach, spätgotisch, entstand um 1400. In seine Westseite sind zwei symmetrische Findlingsplatten eingelassen, der

Überlieferung zufolge die Grabsteine von Ing und Dung. Und damit die Menschen wissen, was die Glocke geschlagen hat, ruft es vom Kirchturm: Ing und Dung, Ing und Dung ...

Inselbahn

Nostalgischer Vers:
Ach, wie schön war's doch vor vielen Jahren, mit der Inselbahn zu fahren. Alles nur noch Erinnerung. Wo früher die Route der Inselbahn war, verlaufen heute Wanderwege. Dabei war sie einst, 1888 gebaut, unentbehrlich, um die in Munkmarsch mit Schiffen ankommenden Besucher zu dem vier Kilometer entfernten Westerland zu bringen. Später, und lange Zeit, verkehrte sie zudem von Hörnum im Süden bis nach List im Norden. Jetzt fahren nur noch Busse und Autos. Letztere kommen – paradoxerweise – mit der Bahn (siehe Hindenburgdamm).

J

Jugendbewegung

a) 1896 ausgehend von einer Wandervogelgruppe am Gymnasium Berlin-Steglitz, faßte die J. von 1919 bis zu ihrer Auflösung 1933 auch im Jugendlager Klappholttal (siehe dort) auf Sylt Fuß. Ihr Motto: Zurück zur Natur, zurück zu den Ursprüngen, auch zu den im Volkstum verwurzelten Traditionen.
b) Brauchen heute einige – gottlob nicht alle – Jugendliche, die nur vor Videospielen, Flipperautomaten und in Discos hängen.

Inselbahn

Kapitäne

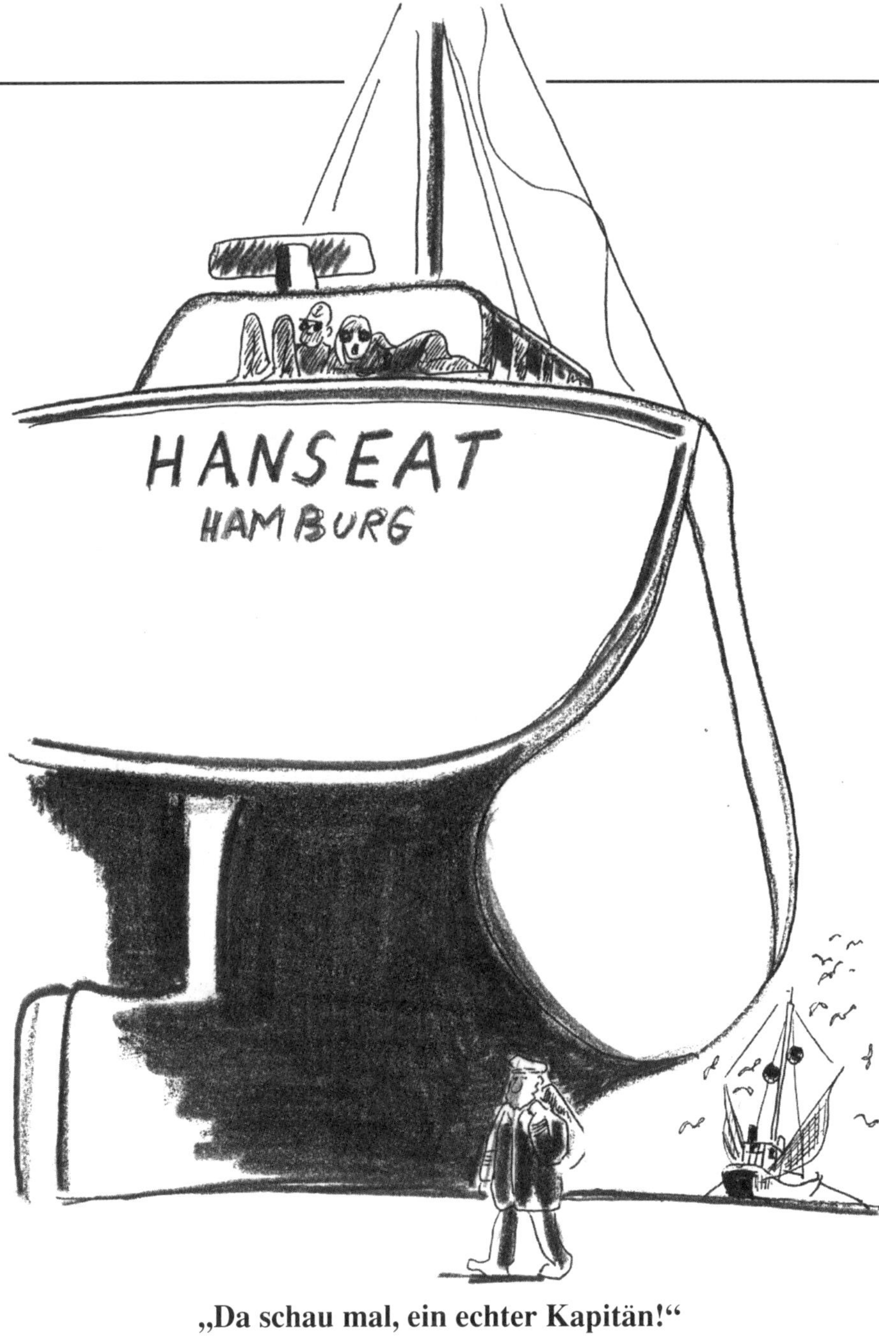

„Da schau mal, ein echter Kapitän!“

K

Kampen	High-Society-Domizil, in dem und an dem sich mitunter die Geister scheiden. Beispiel: Reich-Ranicki, Literaturkritiker genannt. 1972 soll er, gefragt, was ihm an Sylt gefalle, geantwortet haben: „Nichts!" Sei's drum, wenn er von Literatur mehr versteht, mag's ihm verziehen sein.
Kampendollar	Legitimes Zahlungsmittel, auch Huni genannt, also Hundertmarkschein mit Clara-Schumann-Porträt. Unterliegt im Gegensatz zur US-Währung keiner anhaltenden Kurs-Baisse. Beweist aber, daß mancherorts in Kampen durch die Preis-Hausse andere Wertmaßstäbe für Zahlungsmittel gelten: Je exaltierter die Preise, desto schwächer der Huni im Kurs, er tanzt oft unter sonst üblichem Limit. Und an der Geldbörse berührt, tangiert das dann doch so manchen. Deshalb, Frau Schumann, bitte, einen Tango: O, Dollar Clara, ich hab' dich tanzen gesehn...
Kapitäne	Davon hat Sylt, aber auch von Steuermännern, viele sehr gute hervorgebracht (Grabdenkmäler in Keitum bezeugen es). Nach einem der K., Dirk Meinerts Hahn (1804 – 1860), ist Hahndorf an der südaustralischen Holdfast Bay benannt, zu der dieser 1838 nach mehrmonatiger Fahrt von Hamburg aus 199 Auswanderer gebracht und denen er 30 km von Adelaide fruchtbares Land beschafft hat. Noch heute gibt es dort in „Capt. Hahns Weinstube" deutsche Gerichte. Und im Ort steht ein Stein mit der Inschrift: „Zum Gedenken an Dirk Meinerts Hahn". Nichts ist überzeugender, als wenn andere einem ein Denkmal setzen.

Karlchen

Mit bürgerlichem Namen Karl Rosenzweig (1921 – 1986), geboren im schleswig-holsteinischen Tönning als Sohn eines Schornsteinfegers, Deutschlands berühmtester Barkeeper. Karlchen, Philosoph und Philanthrop, Virtuose in der Bereitung von Cocktails, bot im Kampener Gogärtchen die Wahl zwischen 156 Sorten Whisky. Nach dem Krieg arbeitete er im legendären Trocadero (siehe dort) in Westerland. Er selbst blieb, ungeachtet des Berufs, zeit seines Lebens Milchtrinker. Sonderlich alt ist er damit nicht geworden. Trotzdem: Prost Karlchen!

Keitum

War Hauptort von Sylt, ehe es den Rang Ende des vorigen Jahrhunderts an Westerland verlor, macht aber immer noch durch Grabdenkmäler ehemaliger Kapitäne und Steuermänner sowie durch die von ihnen erbauten Häuser frühere Bedeutung sichtbar. Da ein weitblickender Bürgermeister einst in K. für jeden neuen Erdenbürger ein Bäumchen pflanzen ließ, ist der Ort heute eine grüne Oase mit reichem, gemischtem Baumbestand, gepriesen als Maleridylle und Malerwinkel. Keitum, auf Sylt einst tonangebend, spielt heute nur dritte oder vierte Geige. Aber auf einem sehr feinen, alten Instrument. Hier sind also Ästheten gefragt.

Keitumer Kirche

Inselwahrzeichen, einst Orientierungsmerkmal für Seefahrer. Die Predigtkanzel der Kirche ist irgendwann angeschwemmt worden. Vielleicht nach dem Untergang von Rungholt. Das wäre eine Erklärung. Über dem Eingangsbereich der in Ursprüngen 1000 Jahre alten Kirche hängt eine Glocke, die der Überlieferung nach herabstürzen soll, wenn ein Paar eintritt, bei dem die Braut nicht mehr Jung-

Keitumer Kirche

„Aber treten Sie doch ein, ich könnte eine kleine Messe lesen!“

frau ist. Die Glocke hängt immer noch. Dafür gibt es keine Erklärung.

Klappholttal

Von dem in Hamburg geborenen Arzt Knud Ahlborn (1888 - 1977) im Jahr 1919 gegründetes Freideutsches Jugendlager (siehe Jugendbewegung), in dem einfache Lebensweise gepflegt und Abkehr vom zivilisatorischen Überschwang praktiziert wurde. Später Volkshochschule sowie Kinder- und Schullandheim. Abgeleitet ist der Name von einem nahegelegenen Tal, in dem Klappholz, verschiedene Nadelhölzer, bei Wind Klappergeräusche erzeugt. Dort fanden die Lagerfeuer der Jugend statt, dort wächst auch die „Blaue Blume“. Doch die finden nur wenige.

Kleist-Casino

Nachtlokal (geöffnet ab 21 Uhr) in Westerland, von Insidern seit Jahrzehnten geschätzt. Für Otto Normaliter nicht unbedingt zu empfehlen, nicht nur – aber auch – wegen der Preise. Ein paar Blaue muß man schon auf der Joppe haben, soll's ein gelungener Abend werden. Doch dafür ist „mann“ im K.C. unter sich.

Königshafen

Liegt ganz im Norden der Insel, im Inneren der hufeisenförmigen Klammer, die der Ellenbogen (siehe dort) bildet. Benannt nach dem Dänenkönig Christian IV., der am 16. Mai 1644 im Lister Tief mit nur neun Schiffen die Schlacht gegen 26 schwedische und neun holländische Schiffe für sich entschieden hat. Ein dabei auf Grund gegangener Anker ist, Denkmal quasi, in List zu sehen. Am Lister Hafen gibt es ein weiteres Denkmal, an Wolfgang v. Gronau erinnernd. Er war 1930 von List aus mit einer Dornier Wal nach New York geflogen – damals eine Pioniertat. Zu Lande, zu Wasser, in der Luft, es gibt nicht nur Ge-

Klappholttal

Krabbenfischer

„Wir möchten eine Butterfahrt machen!“

schichten über die Insel. Sylt hat auch Geschichte gemacht.

Krabbenfischer a) Mann, der die Existenz auf den Fang im Meer lebender Garnelen gründet, trägt nicht nur das Risiko eines Unternehmers, sondern auch das eines Seefahrers. Da der K. die schon auf See in Meerwasser abgekochten Zehnfußkrebse anschließend im Hafen verkauft, gibt er damit nur ein ihn nicht mehr berührendes Restrisiko weiter: Daß die Käufer den Dreh nicht schaffen, das Krabbenfleisch aus der Schale zu puhlen.

b) Anmachbubi, auch Dünencasanova (siehe Strandräuber), der süßen Strandkrabben auflauert. Für diese besteht von Anfang an ein hohes Gesamtrisiko. Von wegen Puhlen und so weiter ...

Küssetalweg Verläuft bei Rantum, ist die kürzeste (zehn Minuten) Ost-West-Verbindung der Insel. Manche Paare sollen allerdings Stunden benötigen, bis sie die Strecke zurückgelegt haben. Ob dann nur geküßt wird ...?

Küstennebel a) Milchiger Schwaden – auch Seenebel –, der sogar bei strahlendem Sonnenschein unvermittelt auftreten kann.

b) Milchige Flüssigkeit in einer Flasche mit geschlängeltem Hals, die nicht ohne Grund so heißt.

c) Sichtblende bei Zechbrüdern, die nicht nur auf Küstenbereiche fixiert ist und für die nicht unbedingt der Genuß von b) die Ursache sein muß.

Kurschatten Die wenigen Bäume auf Sylt und die zahlreichen Familienurlauber spenden wenig Kurschatten. Auf Sylt führt man eben kein Schattendasein.

Kurtaxe

Keinesfalls kassenärztlich verordnetes Transportfahrzeug, um nach dem Kneipenbummel noch rechtzeitig die Kurklinik zu erreichen. Vielmehr Beförderungsmittel für die kommunalen Finanzen. Bisher nie gesichtet. Man munkelt was von Rolls Royce oder Bentley. Soll aber, vermuten Insider, noch um einiges besser sein. Wird wohl immer der Sylter Erlkönig bleiben.

L

Langer Heinrich

Es gibt Dinge auf Sylt, die scheinen in den Himmel zu wachsen. Nicht nur die Preise für Suiten in Nobel-Hotels. Viel eher noch der Funkmast der Loran-Station Sylt. 197 Meter ragt dieser Lulatsch unweit Rantums aus einem ein ganzes Dünental füllenden Gebäudekomplex empor. Sieht aus, als sei hier ein Weltraumlabor etabliert. Hat auch – neben anderem – mit Aussehen zu tun. Denn: Bis auf tausend Kilometer Entfernung kann der L.H. die Position von Schiffen exakt bestimmen. Sylt überblickt er allemal. Drum: Möchtegerngroße sollten ihre Devise „Sehen und gesehen werden“ überdenken. Könnte sein, daß der Lulatsch auch hinter die Fassade sieht.

Leuchtturm

Der schwarz-weiße Kampener Leuchtturm entspricht in seiner Farbgebung dem in Norddeutschland heimischen schwarz-bunten Marschenrind. Damit auch der größte Ochse weiß, welche Küste er ansteuert.

Lewer duad üs Slav

Alte Friesenlosung, inhaltlich: Lieber tot als Sklave! Gilt inzwischen als ein reines Lippenbekenntnis. Denn auf der Insel, Touristenmagnet, ist die Mehrheit der Sylter im

Kurtaxe

Licht

Dienstleistungsbereich tätig. Die alten Friesen dachten, derlei hätten sie nie und nimmer verdient. Die Nachfahren denken anders: Wenn man genug dabei verdient ...

Licht

Erreicht Sylt, über dem es keine filternde Dunstglocke gibt, in voller Intensität. Mehr noch: Es wird zusätzlich vom hellen Sand und dem Meeresspiegel reflektiert. Daher Vorsicht beim ersten Sonnenbaden. Sonst geht einem trotz des vielen L. zu spät ein L. auf.

Limerick

Fröhlicher Stegreifvers irischer Prägung, gibt es auch über Sylt, doch nicht alle eignen sich, da zumindest versfußkrank, zum Schmökern. Wenigstens drei Beispiele neueren Datums seien hier genannt:

a) Es wollte ein Mädchen nach Kampen
von Westerland aus einmal trampen,
denn es dacht', dort im Camp
gelte es als ein Vamp.
Nur in Kampen schätzt man keine Schlampen.

b) Ein Mann dachte, was ihm beschieden,
stimme jedweden Fraumensch zufrieden.
Als er einmal war da
an dem Strand FKK,
hat er diesen für immer gemieden.

c) Ein Mensch, der die Insel erlebte,
im siebten Himmel gleich schwebte,
denn er fand die Natur
unverfälscht, rein und pur,
weshalb stets er nach Sylt wieder strebte.

List

Nördlichste Gemeinde Deutschlands an Sylts oberstem Zipfel, mehr als 700 Jahre alt, wobei die ursprüngliche

Siedlung Listum 1362 bei der Rungholtflut unterging. Wanderdünen haben schon Fundstücke aus jener Zeit freigegeben. List entstand an anderer Stelle neu, mit Hafen, später Königshafen (siehe dort), wurde Militärstützpunkt, ist heute Tourismusziel. Eine Karriere durch Jahrhunderte, allen Naturgewalten zum Trotz. Wie man das schafft? Ganz bestimmt nur mit List.

Listland

Gibt es auf Sylt überall dort, wo man weiß, wie an das Geld der Urlauber zu kommen ist, bezieht sich aber geographisch auf den nördlichen Teil der Insel, der im Besitz zweier Familien liegt. L. bestand anno tobak aus wenigen Äckern und Wiesen, aber vielen Dünen. Was die Dünen anbetrifft, hat sich daran kaum etwas geändert. Mit einer Einschränkung: Wer sommertags, per Auto, den Ellenbogen erkunden möchte, muß dafür Wegezoll entrichten. Wie andernorts auf Sylt – Listland pur.

Luft

Wird auf Sylt meist von Westen oder Nordwesten herangeführt, ist nach dem weiten Weg übers Meer schadstofffrei, aber mit feinsten, der Gesundheit dienlichen Salzwasserpartikeln durchsetzt. Mitunter wird auch aus höheren Sphären Ozon eingemischt. Deshalb schweben auf Sylter Boden so viele in denselben.

M

Manne Pahl

Als Restaurant-Café in Kampen Superlativ für Kenner. Da man dort in der Bar, bei erlesenen Digestif-Angeboten, die Nacht schon mal zum Tag machen kann, gibt es Frühstück (ab 10 Uhr) mit allem Pipapo bis 14 Uhr. Und die Küche

Luft

„Heh, ich kann das Meer hören!“

reicht von gutbürgerlich bis Garmisch. Denn laut „Playboy“ serviert man im M.P. das beste Wiener Schnitzel zwischen Dänemark und der Alpenregion. Was besagten Kalbfleischbrätling angeht, ein deutlicher Beweis für das Nord-Süd-Gefälle.

Meeresleuchten

Hier handelt es sich nicht um Positionslampen von Schiffen, sondern um eine Erscheinung, die der Einzeller Nocticula scintillans, ein Panzerflagellat, im Plankton warmer Gewässer bewirkt. In milden Sommernächten, bei Wind und Wellenschlag, übersät Nocticula die Oberfläche des Meeres mit leuchtenden Glitzerpunkten, Glühwürmchen des Wassers. Das Meer bietet eben auch zur Nacht etwas. Am Tag leuchtet es ja ohnehin, wenn die Sonne scheint.

Miramar

Benannt nach Schloß Miramar nahe Triest, zählt zu den Hotels der ersten Stunde in Westerland, wurde, in Jugendstilprägung, von dem Berliner Restaurantbesitzer Otto Busse für Grundstücks- und Baukosten von 350 000 Mark errichtet und 1903 eröffnet. Seitdem Quartier zahlloser illustrer Gäste. Sollte nach den Prognosen der Insulaner von Anfang an auf der Kippe stehen. Steht es aber bis heute nicht. Weder bezüglich der Gästefrequenz noch aufgrund der Extremlage am Ende des westlichen Dünenbereichs. Denn Betonmauern und -sicherungen, auch die Strandpromenade, dazu Sandvorspülungen haben dem Miramar bislang die Basis gesichert. Und: Wer auf der Klippe steht, steht ja nicht unbedingt auf der Kippe.

Moby Dick

Von Tradition geprägter Altbau am Munkmarscher Hafen, Haus mit imposantem Panoramablick und imponierendem Speiseangebot. Küchenchef Manfred Fitschen, mit dem

Moby Dick

Möweneier

„Frische Möweneier!“

Sterne-Koch Jörg Müller (siehe dort) verschwägert und damit verwandt, hatte vor seiner Zeit auf Sylt im Schwabenland gearbeitet und dabei eine Devise aufgenommen: Schaffe, schaffe, Häusle baue ... Seitdem schafft er, und wie! Das erste, nicht Häusle, nein, Hochhaus, müßte inzwischen stehen.

Möweneier

Wurden einst für den Verzehr zu zigtausenden in den Lister Dünen gesammelt. Doch seitdem dort Betonplatten für militärische Zwecke verlegt worden sind, haben die Möwen das Legen auf die Hallig Jordsand verlegt. An Vergangenheit erinnern noch zwei reizvolle Wanderrouten: der Möweneier-Weg im Westen des nördlichen Inselbereichs und der Weg des Eierkönigs an seiner Ostflanke, benannt nach Peter dem Kleinen. Doch von wegen klein, der war nicht nur im Eiersammeln eine Größe. Lütt Pidder dürfte olympiareif gewesen sein: Er trug sein Fischerboot auf dem Rücken über die Dünen. Heute stehen M. nicht mehr auf der Speisekarte. Vielleicht liegt es daran, daß man auch niemanden mehr sieht, der ein Fischerboot auf dem Rükken über die Dünen trägt.

Moin moin

... sagen die Friesen zu jeder Tageszeit als Gruß, auch noch am Abend. Klingt, als wollten sie einen Gläubiger auf den übernächsten Tag vertrösten, ist aber nicht so aufzufassen. Bedeutet vielmehr, daß sie auch zu später Stunde noch hellwach sind.

Morsum

Postalisch Sylt-Ost, Großgemeinde mit mehreren Inselorten, der aus dem 12. Jahrhundert stammenden Wehrkirche St. Martin und – neben anderem – dem Morsumkliff, einer 1,8 km langen und bis zu 21 m aufragenden Steilküste, deren schuppenartig übereinandergeschobene Erdschichten eine Fundgrube für Archäologen sind. Übrigens: Bei gutem Wetter sieht man von Morsum sogar die Zugspitze! (Wenn der Zug über den Hindenburgdamm kommt.)

Müller

Während man Hinz und Kunz (allenfalls, vereinzelt, Dr. Hinz und Dr. Kunz) auf Sylt nicht antrifft, sind Vertreter der Spezies Müller im Sommer in den Dünen und auch am Strand vieltausendfach präsent. Es handelt sich um den Hummeln (Bombiziden, hier „Bombus Müller") zuzuordnende körperlich plumpe, beinsammelnde Bienen. Keineswegs plumpe, sondern flotte und scheinsammelnde Bienen gibt es auf Sylt aber auch.

Müller, Jörg

Nach dem VIF Gourmet-Journal einer von sechs mit der Höchstpunktzahl 20 eingestuften deutschen Spitzenköchen, wird von den fraglos versierten Sylter Berufskollegen neidlos als Champ anerkannt, stammt aus Südbaden, betreibt ein Restaurant in Westerland. Aus gutem Grund. Denn wer Sylt ansteuert, möchte nicht nur Spitzenurlaub machen, mancher möchte auch von Spitzenköchen beköstigt werden. Jedem sei das von Herzen gegönnt. Denn nach den Spitzenerlebnissen auf Sylt steht ohnehin der Abstieg bevor – in die Niederungen des Alltags.

Munkmarsch

Einst Fährhafen, in dem die Inselbesucher an Land gingen, um in Westerland oder vor Ort im Hotel Munkmarsch (erbaut 1869, längst geschlossen) Quartier zu beziehen. Mit Eröffnung des Hindenburgdamms (siehe dort) verlor M. an Bedeutung. Ehedem Anlaufstelle Nummer eins, heute Auslaufmodell und sonst nichts? Im Gegenteil, eben das! Von M. laufen, sofern sie dort nicht im Wattwasser dümpeln,

Müller

„Im nächsten Jahr fahren wir aber ohne Müller in Urlaub!“

Segel- und Motorboote aus. Denn der maritim orientierte Geldadel weiß nicht nur, was er für den privaten Wasserluxusliner anlegt – er weiß auch, wo er anlegt.

N

Nacktbaden

Bevorzugen, weil ungezwungener und wohl auch heilsamer, heute 70 von 100 der Feriengäste auf Sylt, ohne daß auch nur ein Bruchteil von ihnen die von Magnus Weidemann verheißene Wandlung erfährt. Selbiger war (* 1880 in Hamburg, † 1967 in Keitum) zunächst als Pastor, danach und damit die meiste Zeit seines Lebens als Maler tätig. Schöngeist, Idealist und von der Bewegung der Wandervögel (siehe dort) geprägt, hatte er verkündet, das N. erziehe ein neues Menschentum von im Lichtgeist aufgewachsenen Geschöpfen, bar jeder Lüsternheit usw... Schön wär's, wäre es denn so. Doch die Unarten der Erbsünde werden auch durch Baden mit bloßem Body nicht abgewaschen. Denn wenn – danach – das gewohnte Outfit angelegt wird, ist alles wieder beim alten. Pudelnackt ist man eben nur Mensch. Aber Kleider machen Leute.

Naturschutzgebiete

Bereiche, in denen die Natur geschützt wird – und das vor denen, die ihr alles zu danken haben: vor den Menschen. Die ersten N. (Nordsylt und Morsumkliff) wurden 1923 eingerichtet, heute gibt es derer zehn mit 3585 Hektar Grundfläche. Hinzu kommt das um ein zigfaches größere N. Niedersächsisches Wattenmeer. N. sind streng (richtig so) oder nicht ganz so streng (eigentlich schade) geschützt, d. h., der Mensch hat dort so gut wie nichts zu suchen. Und wenn, dann nur auf markierten Wegen. Wer dort indes

Naturschutzgebiete

„Zum letzten Mal: Haut ab!“

sucht, mit Auge, Fernglas, Kamera, der findet: unverfälschte Natur.

Nösse Nicht Nasalwort eines Schnupfenkranken, der von Feuchtigkeit spricht, obwohl solche Vermutung der Sache schon nahekäme; denn von Nässe, dem Wattenmeer, ist die Nösse umgeben: eine naturgeschützte Landschaftsnase, die zum Festland blickt, in den Hindenburgdamm übergeht und Sylt damit quasi zur Halbinsel macht. Das bedeutet aber nicht halbe Insel, sondern ganzjährig garantierte Festlandverbindung.

O

Ostfriesenmischung a) Aufgußgetränk aus Teesorten teils indischer, teils ceylonesischer Provenienz mit den Merkmalen von kräftig bis herb.
b) Küstenvölkchen aus West-, Ost- und Nordfriesen mit den Merkmalen von deftig bis derb.

P

Palucca-Bar Schankstube im ehemaligen Fischraum eines einstigen Kutters, der heute als Ausflugsschiff fährt und nach der 1900 in München geborenen und in Kalifornien aufgewachsenen, früher weltberühmten Ausdruckstänzerin Gret Palucca benannt ist. Die bis 1994 an der Dresdner „Palucca-Schule“, Fachschule für künstlerischen Tanz, tätige Lehrerin gab in den dreißiger Jahren häufiger Gastspiele auf Sylt, mit expressiven Tanzschöpfungen. In der letzten Zeit fanden ihre Gastspiele zum Jahreswechsel statt, mit

Ostfriesenmischung

„Keine Angst Schatz, wir schaffen es zu unserem Hotel in Westerland, und dann rufen wir sofort die Polizei an!“

Polyphylla fullo (Strandkäfer)

ausgedehnten Dünenwanderungen. Und dies nicht expressiv, nein, natürlich impressiv.

Pesel

Im Niederdeutschen Bezeichnung für Wohnstube in Bauernhäusern. Obwohl auf Sylt vordem nicht nur Bauern lebten, hatte jedes Haus seinen P., die gute Stube. In einigen Häusern gibt es heute noch Königspesel, weil dort einst ein Dänenkönig als Besucher verweilte. Andere von Königen aufgesuchte Örtlichkeiten, die zudem nur zu Fuß erreicht werden, haben keine Namensaufwertung erfahren. Warum auch, wegen so 'n Schiet!

Polyphylla fullo

Zwei große Worte für ein kleines Wesen, für den auf Sylt lebenden räuberischen Dünensandkäfer. Begegnungen mit ihm sind für Menschen unbedenklich, da er andere Nahrung bevorzugt. Auch er hat seine Aufgabe im Reich der Natur; deshalb sollte man ihm, wenn er den Weg kreuzt, aus dem Weg gehen, ihn nicht mit Füßen treten. Es können einem ja noch andere (süße) Käfer über den Weg laufen. Denen sollte man nicht aus dem Weg gehen. Sonst würde man vielleicht sein Glück mit Füßen treten.

Q

Quallen

Sind sommertags vor allem bei Ostwind an den Stränden anzutreffen und haben, bis auf eine Art, irreführende Bezeichnungen: Rippen- oder Stachelbeerqualle (schmeckt nicht), Blumenkohlqualle (auch ungenießbar), Ohrenqualle (ist de facto taub), Kompaßqualle (hilft nicht bei der Orientierung, brennt aber höllisch) und Feuerqualle (hier sagt der Name alles).

R

Rantum	An einer Engstelle Sylts zwischen Dünen und Watt gelegen, war schon Jahrhunderte vor der immer noch bekannten Fernsehserie Dr.-Kimble-Siedlung: immer auf der Flucht! Mal vor dem Meer, das sich in das Land fraß, mal vor dem Flugsand der Dünen, der alles zudeckte. Trotzdem zählt R. heute eine nach Hunderten zu bemessende Zahl an Erst- und Zweitwohnungsbesitzern. Schließlich: Meer hin, Sand her, wenn sie sich wieder ein Stückchen holen sollten, dürfte doch jedem Betroffenen klar gewesen sein, daß heutzutage ohne Mobilität nichts mehr geht.
Rantum-Becken	Gebärfreudiges Becken für Mikroplankton am Rande des Wattenmeeres bei Rantum. Deshalb auch bevorzugter Kindergarten für Schollen, Seezungen und ...
Reetdach	Typisches Friesenhausdach, begehrt und geschätzt auch für Luxusdomizile, schon vor 4000 Jahren als noch offener Hausabschluß gebaut, wird aus den Stengeln der bis zu vier Meter Höhe wachsenden Moor- und Sumpfpflanze Phragmites communis von dafür speziell geschulten Handwerkern errichtet. Reet (auch Ret, Reeth, Reth und Ried) wächst heute auf Sylt nicht mehr en masse. Um der Nachfrage zu genügen, wird es deshalb aus Österreich, Polen und Ungarn importiert. Was soll's, Sylt hat inzwischen schon so viele Importe, auch jede Menge Neureiche, woher sie auch immer kommen. Sicher sind unter denen auch ein paar Sumpfpflanzen. Und die halten sich – ganz gewiß – nicht solange wie ein Reetdach. Woher das Reet auch immer gekommen sein mag.

Reetdach

Rotes Kliff

4,4 km lange Kliffwand an der Sylter Westküste zwischen Kampen und Westerland, besteht aus Geschiebelehm mit Eisenbestandteilen und leuchtet deshalb bei untergehender Sonne brandrot auf. Da die Brandung oft den Fuß des Kliffs unterspült und dadurch Küstenabbruch droht, ist häufig Sand aus dem Meer vorgespült worden, der das Kliff zum Teil zudeckte. „Rotes Kliff, totes Kliff", murrten da manche. „Lieber totes Kliff als gar kein Kliff", sagten andere.

Rüm Hart klaar Kiming

Des Sylterfriesischen Unkundige könnten vermuten, das heiße in Kurzform: „Laß den Rum hart sein, damit kommen wir schon klar." Obwohl das auf waschechte Sylter zuträfe, ist es nicht gemeint. Heißt vielmehr: „Weites Herz – klarer Horizont." Und steht – Insellosung – auf jeder gelb-rot-blauen Sylt-Fahne. Fraglos drehen sich auch auf Sylt, wie überall auf der Welt, die Fahnen nach dem Wind. An der Losung auf der Sylt-Trikolore ändert das aber nichts. Egal, woher der Wind weht.

S

Salz

... im Meerwasser bedeutet bei jedem Sylt-Urlaub für die Erholung das S. in der Suppe. Dabei ist es nicht Kochsalz (NaCl) allein, es ist eine Vielzahl von Salzen – pro Kubikmeter Meerwasser immerhin 34 kg –, die in ihrer Zusammensetzung mit den Blutsalzen des Menschen fast identisch sind. Klar, daß man diese Gaben der Natur nicht oral oder intravenös aufnehmen kann, es genügt, daß sie subkutan wirken, in winzigsten Partikeln durch die Haut eindrin-

Rotes Kliff

Schimmelreiter

gen. Am schnellsten erholen sich dadurch die zuvor so gestreßten, besonders dünnhäutigen Typen.

Sansibar Gourmet-Hütte vor Hörnum, Name erinnert unverwechselbar an eine Insel vor der Ostküste Afrikas, die deutsches Protektorat gewesen und 1885 bei den Engländern für Helgoland eingetauscht worden ist. Sylt-Kenner würden Hörnums S., ein Dünenrestaurant im Blockhausstil, weder gegen Helgoland noch gegen die Insel im indischen Ozean tauschen. Denn ohne S. würde im Collier der Feinschmekkerlokale Sylts ein Brillant fehlen. Motto, mit schwäbischem Unterton: „San Sie bar, schmeckt's in der Sansibar ..." Anmerkung: Der Inhaber des Restaurants, Schwabe von Geblüt, hat den Zweizeiler nicht gereimt. Er dürfte ihn aber befürworten.

Schimmelreiter a) Vorläufer des Paragraphenreiters, beherrscht die Hohe Schule auf dem Amtsschimmel, lebt in dem Unfehlbarkeitswahn, von Amts wegen alles richtig zu sehen.
b) Titelgestalt einer Erzählung Theodor Storms, soll an Küstenstrichen, auch Sylts, mitunter geistern. Wurde aber noch nie richtig gesehen, auch nicht von Amts wegen. Dessenungeachtet kann es ihn aber trotzdem geben. Denn früher wurde auch die Existenz des Erlkönigs angezweifelt. Über solche Skeptiker wird längst bedauernd gelächelt: bei Mercedes, BMW, Audi, VW, Opel, Ford und sogar im fernen Japan ...

Scholle a) Eigene, muß der Landmann bestellen, damit er nicht Hunger leidet.
b) Pleuronectes platessa, Plattfisch, kann der Sylt-Urlauber bestellen, bevor er Hunger leidet.

Seebär	a) Kaum noch, auch auf Sylt nicht, anzutreffender Urtyp eines Fahrensmanns. b) In Nordseegewässern nicht heimische Ohrenrobbe. c) Sehr selten – auf Sylt zuletzt 1964 – bei glatter See spontan auftretende bis zu acht Meter hohe Flutwelle, die Strandbesucher und Küstenbefestigungen mit sich reißt.
Seehund	a) Phocidae, kleine Robbenart, die auch im Nordseeraum rund um Sylt heimisch ist. Bei Fischern unbeliebt, da die Jungtiere gern Garnelen, die erwachsenen Exemplare bevorzugt Schollen und Seezungen speisen. Bei Urlaubern auf Bäderschiffahrt hochbeliebt, weil sie, zur Verdauungssiesta auf Sandbänken langgestreckt, als reizvolles Fotomotiv gelten. b) Nordlandlikör, der in dem S. nachempfundenen Buddeln in den Mixturen männlich und weiblich angeboten wird. Wer zuviel davon trinkt, ist anschließend auch langgestreckt, allerdings weniger fotogen.
Seekühe	Stehen seit Menschengedenken im Watt der Blidselbucht, haben indes mit den robbenähnlichen, pflanzenfressenden Säugetieren nur den Namen gemein. Vielmehr handelt es sich um auf Stelzen stehende Betonkonstruktionen, die einst zu militärischen Übungszwecken errichtet worden sind. Das Aussehen dieser Gebilde ist, je nach Ebbe oder Flut, ständigen Veränderungen unterworfen. Wie mögen sie wohl ausgesehen haben, als das Militär noch übte? Sicher wie eine Kuh, wenn's donnert!
Seezunge	a) Gegenteil von Landzunge, also in das Festland ragender Meeresarm. b) Solea vulgaris, wobei die lateinische Bezeichnung kei-

Seehund

„Sie sind aus Plastik!“

Spielbank

„Na, auch Spielbank-Witwe?“

neswegs auf Vulgärfraß hindeutet; vielmehr Spitzenspeisefisch, zergeht auf der Zunge.

Sonnenland

Bereich für gehobenes Wohnen in der Nähe von List. Allerdings scheint die Sonne dort auch nicht häufiger als an anderen Stellen der Insel. Und ausschlaggebend ist schließlich, ob man Sonne im Herzen hat.

Spielbank

Gibt es auf Sylt seit 1949 (logo, vor der Währungsreform wäre es witzlos gewesen), untergebracht ist sie, nebst altem Kursaal, Rathaus und Stadttheater, im 1898 erbauten Kurhaus. Die Chance zu gewinnen, vielleicht sogar einen Coup zu landen, liegt bei 48,2 zu 100, das heißt, jeder zweite heimst ein. Er gehört nach dem Roulette-Einmaleins zur besseren Hälfte. Die anderen, Verlierer und damit der schlechteren Hälfte zuzurechnen, hätten sicher besser eine andere Spielbank aufgesucht: an einem Strandweg, irgendwo in den Anlagen ... Um dort das Glück zu finden, vielleicht sogar die bessere Hälfte.

Strandfloh

In der Nomenklatur Talitrus saltator, dem zweiten Wort zufolge richtiger Strandhüpfer zu nennen, ein an Sylts sandigen Küsten heimischer, grauweißlicher Flohkrebs. Trübt das Strandvergnügen in keiner Weise, da mit dem in den Tropen anzutreffenden tückischen Sandfloh (Sarcopsylla penetrans) sowie mit dem lästigen Menschenfloh (Pulex irritans) weder verwandt noch verschwägert. Und schließlich: Sollte der Angetraute gegenüber der Angetrauten einmal beiläufig erwähnen, er sei am Strand ein paar flotten Hüpfern begegnet, darf diese in der beruhigenden Gewißheit leben, daß es sich nur um Exemplare der Spezies „entzückender, kleiner Strandfloh“ gehandelt haben kann.

Strandgut	a) Größeres landwirtschaftliches Anwesen in Küstennähe. b) Galt früher (siehe Strandräuber) als Strandsegen, ist heute – leider – allzuoft mit auf See verklapptem Plastikmüll und anderen Abfällen der Wohlstandsgesellschaft durchsetzt.
Strandkorb	a) Vor Wind und Wetter schützendes Sitzmöbel, das man mieten kann. b) Ablehnender Bescheid einer Badenixe, die nicht angemacht werden will.
Strandläufer	a) Spaziergänger oder Jogger, der etwas für die Gesundheit tut. b) Geselliger Watvogel, der meist nach Nahrung sucht und sich deshalb wie der S. unter a) verhält.
Strandräuber	a) Dünen-Casanova. b) In früheren Jahrhunderten Insulaner, die Strandgut (siehe dort), das der Strandvogt für die Obrigkeit sicherzustellen hatte, zum eigenen Gewinn einheimsten. Man betete sogar für einen „gesegneten" Strand, erflehte Strandgut havarierter Schiffe. Wurde die Bitte nicht erhört, half man mitunter nach und bewegte bei Nacht Positionslampen von Schiffen am Strand. Schiffer auf See konnten dadurch irritiert werden und strandeten auf der vorgelagerten Sandbank. Inzwischen hat die Sylter Tourismusbranche subtilere Methoden mit immens höherer Effektivität entwickelt.
Strandvogt	Einst von Staats wegen beauftragt, Schiffbrüchige zu retten und das Strandgut (siehe dort), auch Strandsegen genannt, zu bergen. Heute kümmert sich um Schiffbrüchige die DGzRS, und mit dem Strandgut, das inzwischen alles

Strandräuber

Mautgebühr am Ellenbogen

andere als ein Segen ist, plagt sich das Amt für Abfallwirtschaft und Umweltschutz herum.

Sturmflut

Sylt hat deren viele erlebt, weitere werden folgen. Die Marcellusflut am 16. Januar 1219 kostete im Westbereich der Nordseeküste 36 000 Menschen das Leben. Noch verheerender wirkte sich die zweite Marcellusflut am 16. Januar 1362 aus, die man „de grote mann dränke“ nannte. Bei ihr versank östlich von Pellworm der größte Ort Nordfrieslands im Mittelalter, nämlich Rungholt, im Meer. Weitere Sturmfluten (zuletzt am 11. Oktober 1634) folgten, doch selbst nach der letztgenannten lag der Strand der Insel immer noch 2,5 km weiter westwärts, als es heute der Fall ist. Und irgendwann wird das Meer Sylt in seinen Schoß nehmen. Ein Paradies auf Zeit nur noch. Wie so viele Paradiese auf dieser Welt, seit Adam und Eva.

Sturmhaube

a) Helm eines Kriegers, auch von Seeleuten getragener Südwester mit breiter, nach hinten abfallender und damit den Nacken bedeckender Krempe.

b) Name für ein reetgedecktes Gebäude nahe am Roten Kliff in Kampen. Das steht seit 1969. Vom Winde umweht. Die erste, am 20. Juni 1936 eingeweihte S., mußte längst aufgegeben werden, da durch Kliffabbruch vom Winde verweht.

Summe des Lebens

Ein Titel, der an Prof. Ankel (Dozent in Klappholttal) erinnert und positive Bilanz verheißt, da eine Summe aus addierten Summanden besteht, was da auch immer zuhauf kommen mag. Daran sollten alle denken, die sich nach dem Sylturlaub über das geschrumpfte Bankkonto grämen: Gewinn rechnet sich nicht nur in D-Mark. Die Gastgeber

Sturmflut
ERINNERST DU DICH NOCH AN DAS HÜBSCHE CAFÉ HIER AN DER KLIPPE VOR ZWEI JAHREN VOR DEM SCHWEREN STURM. DIE BLONDE NETTE SERVIERERIN HIESS, GLAUBE ICH, FRL. SILKE.
NÖH!

Sylt

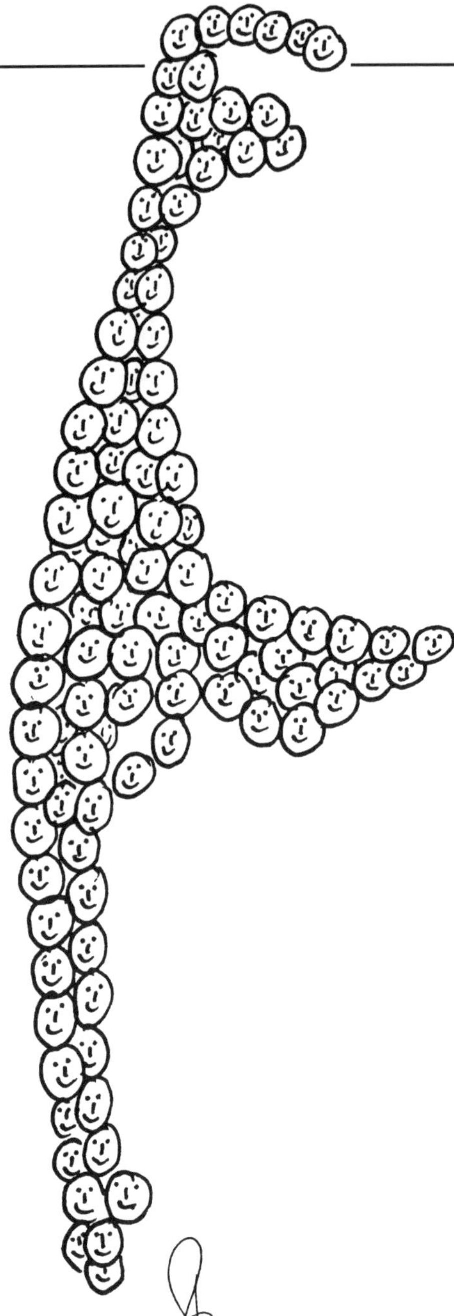

auf Sylt sind von dieser Betrachtungsweise natürlich ausgenommen. Angenommen, sie haben eingenommen.

Sylt

Gilt als „Königin der Nordsee“, was allen anderen Küsteneilanden in diesem Bereich keinen Abbruch tut, weil sie dann – na, bitte! – Prinzessinnen sind (Beispiel Dornröschen Baltrum). Wo der Name Sylt seinen Ursprung hat, ist bis auf den heutigen Tag offen und dürfte wohl nie ganz geklärt werden.
a) Kurzform von Silende, Seeland, also Land an der See.
b) Abgeleitet vom jütischen Sild, was Hering heißt. Auf Sylt gab es Heringsfischer, ein Hering oder zwei gekrönte und gekreuzte Heringe zieren das Sylter Wappen.
c) Silende bedeutete, wenn aus dem Sächsischen, wüstes Land, und zwar in jener Zeit, als die Angeln und Sachsen unter Hengist und Horsa diese Einöde via Britannien verließen (siehe Wanderdüne).
d) Abgeleitet aus dem Altnordischen, in dem sylti für qualvoll sterben steht, was Sylt mit seinen vielen Grabhügeln (siehe Hünengräber) als Toteninsel ausweisen würde.
Diese ungelöste Frage mag Sprachforscher und Heimatkundler endlos beschäftigen, den meisten Urlaubern ist sie jedoch schnurzpiepegal. Hauptsache, sie haben eine Adresse: Sylt.

Sylter Strick

Ein Meter lang, zwei Finger breit, Naturfaser. Kann um Kopf, Hals, Arm, Bauch, Bein und was sonst noch geschlungen und getragen werden. Wenn daher jemand auf Sylt verkündet, er werde den Strick nehmen, nicht in Panik geraten. Er denkt nur an ein modisches Anhängsel. Nicht an ein Aufhängsel.

Sylt-Quelle
„Ich würde sagen, wir rufen sofort die Jungs von Shell an!“

Sylt-Fibel

Da dieses Buch den Standard eines Sylt-Lexikons humoris causa erfüllt, werden hier, damit Unkundige sich nicht lächerlich machen, einige ernstzunehmende Hinweise gegeben, wie auf Sylt häufig vorkommende Hauptwörter im Hochdeutschen lauten:
Deel = (Dünen-) Tal, Dik = Wall, Deich, Gung = Acker, Hoog = (Grab-) Hügel, Hörn = Ecke, Winkel, Huk = wie Hörn, Hüs = Haus, Kaamp = Acker, Sön = Sand, Stich oder Wai = Weg, Wung = Acker.
Wer dieses Vokabular beherrscht, kann den Sylt-Urlaub problemlos angehen. Die restlichen 1988 Wörter Sylterfriesisch lernt er in nullkommanix.

Sylt-Quelle

a) Von einem Pavillon überbauter Mineralbrunnen bei Rantum, 1993 in Betrieb genommen. Sprudelt aus 700 m Tiefe und schenkt reines Wasser ein.
b) Vorliegender „Fröhlicher Reiseführer“. Schenkt allen Sylt-Fans – zudem humvorvoll – endlich reinen Wein ein.

T

Tinnum

Endet wie die Namen einiger Sylter Orte auf „um“, was soviel wie Heim bedeutet, war vor Jahrhunderten mit der Landvogtei Verwaltungssitz der Insel. Ihr einstiges Domizil, ein langgezogener reetgedeckter Bau, steht heute noch. T. zählt seit 1970 wie die anderen „ums“ (Archsum, Keitum, Morsum) nebst Munkmarsch zur Großgemeinde Sylt-Ost. Keine Frage – in so vielen „ums“ muß man sich ja drei- und vierfach zu Hause fühlen.

Trecker

Das Meer hat seine Tücken, wie den Trecker. Er entsteht, wo Sandbänke vor dem Strand verlaufen. Die Vertiefung zwischen beiden heißt Laie. Überflutet das Meer die Sandbank, staut sich in der Laie das Wasser. Es kann dann nur um die Sandbank herum zum Meer zurückfließen und wird zum reißenden Sog, dem Trecker. Darum: Nur Laien baden in der Laie.

Trocadero

Ein wenig Nostalgie gefällig? Bittesehr: Das Trocadero, Strandstraße 6 in Westerland, war einst Feudaltreff – dreimal in der Woche Smokingzwang. Prominente, von Barnabas v. Geczy, Professor Sauerbruch, Max Schmeling, und, und, und fanden sich hier viele ein. Aus, vergangen, vorbei. Nichts mehr. Zum Glück auch kein Techno-Schuppen.

U

Urlaub

a) Auf Sylt nicht zu finden, weil es dort nur wenige Bäume und schon gar keine aus der Urzeit gibt.
b) Kann auf Sylt zu jeder Jahreszeit zur Erholungsuche mit Erfolg gemacht werden. Und wer sucht, findet vielleicht sogar noch mehr, unter Umständen auch einen Partner. In jedem Fall findet er wieder zu sich selbst.

Uthörn

Außerhalb (ut) aufgespülte Sanderhebung (Hörn) im Königshafen (siehe dort), geschützt für Vögel, die dort nisten, brüten und auch sonst alles. Menschen dürfen dort nicht hin. Zum eigenen Schutz. Denn der Lärm, den Seevögel auf eigenen Territorien veranstalten, übertrifft das Sahnekuchentantengeschnatter in allen schleswig-holsteinischen Cafes um ein Vielfaches. Möwen sehen eben (Ringelnatz)

Urlaub

„Liebe Nachbarn zu Hause, wir haben hier seit Wochen herrlichstes Badewetter!“

Uwe-Düne

„Auf diesem Hochplateau wurde Uwe Seeler 1950 zum ersten Mal bewußt, daß er Mittelstürmer der deutschen Nationalmannschaft werden müßte!“

nicht nur so aus, als ob sie Emma – wie Emanze – hießen; die können, weiß Gott, den Schnabel nicht halten.

Uwe-Düne

Höchste Erhebung (52,5 m) auf dem Roten Kliff bei Kampen, bietet bei klarem Wetter Sicht bis Föhr, zum Festland und nach Röm. Benannt nach dem Sylter „Uns Uwe“, dem in Keitum geborenen Uwe Jens Lornsen (1793 – 1838), Jurist, Freiheitskämpfer und Wegbereiter der Unionsverfassung für Schleswig-Holstein. Somit ist die Uwe-Düne ein Vermächtnis: Damit andere sich auch in Weitblick üben können.

V

Vogelkoje

Kein Lotterbett auf Bäderschiffen, sondern Entenfanganlage zwischen Kampen und List, von der aus noch im vorigen Jahrhundert jährlich zigtausende für den Verzehr bestimmte Schwimmvögel an den damals über Sylt herrschenden dänischen Königshof geliefert wurden. Die Entenfanganlage ist einer überdimensionierten Reuse vergleichbar, ein langer und sich mehr und mehr verengender netzüberspannter Wasserlauf. Die an seinem Ende, in der Koje, gefangenen Enten wurden geringelt, d. h., man drehte ihnen den Hals um. Heute müssen die Enten nicht in der V., sondern für die V. daran glauben. Kai Voigt kredenzt sie dort als Spezialität. Und was einst nur wenigen Syltern vergönnt war, kann sich heute jeder Urlauber leisten: einmal bei einem Vo(i)gt zu Gast zu sein ...

W

Walfang	Wurde schon vor zwei Jahrtausenden von Norwegern betrieben, erfolgte in größerem Stil mit Beginn des 17. Jahrhunderts durch Fangschiffe aus Holland, England, Frankreich, Hamburg, Bremen und Dänemark. Kommandeure an Bord, da hervorragende Nautiker, waren meist Hallig- und Inselfriesen, um 1700 kam jeder dritte von Sylt. Heute fangen die Sylter keine großen Fische mehr. Auch keine kleinen. Die haben sie alle bereits an der Angel. Als Urlaubs- oder Kurgäste.
Wanderdüne	Unbewachsener Sandberg, der jährlich um ca. einen Meter wandert. Wollte man Karl Mays Roman „Durch die Wüste" verfilmen, wäre dort der geeignete Platz. Das dürfte für die Beschreibung der Wanderdüne genügen.
Wattenmeer	Insbesondere Ruhrgebietler, sonst allenfalls nur des Berger- oder des Baldeney-Sees ansichtig, rufen, in Klanxbüll angekommen und landauswärts blickend, oft beeindruckt: „Watt 'n Meer!" Dabei sehen sie ja nur das Wattenmeer.
Wenningstedt	Zwischen Westerland und Kampen gelegen, ehedem Kaff, heute Kurort, schon vor 1000 Jahren Siedlung und möglicherweise Hafen, gilt unter Insidern, die die Bergsteigersprache kennen, als „Basislager" der Insel. Weil man von dieser zentralen Stelle alles zu Fuß erschließen kann. Das schafft ein Autofahrer nie. Der Fußgänger schon – als Autodidakt.
Westerland	Ehedem zweitrangiges Inseldorf, seit Ende des vorigen Jahrhunderts Hauptort der Insel, schon in wilhelminischer

Wanderdüne

„Karl, die Wanderdüne ist weg!"

Zeit Nobelbad der Hautevolee. Hat diesen Level bis zum heutigen Tag locker gehalten, Skalenbereich von modern bis mondän, empfehlenswert und allen Ansprüchen genügend für jene, die nicht auf die Sterne im Baedeker, sondern im Hotelführer schauen. Indes: W. bietet auch Gebäude und Einrichtungen, die Vergangenheit, Entwicklung und Kulturgeschichte des Ortes veranschaulichen. So, und alles in allem betrachtet, kann man in W. Sternstunden erleben.

Wettervorhersage ... auf dem und für das Festland konzipiert und selbst dort in ihrer Glaubwürdigkeit umstritten, trifft für Sylt nur sehr selten zu. Eher Gültigkeit haben die Prognosen des Seewetterberichts. Auf Sylt ist eben alles anders als im Binnenbereich. Wenn über diesem Regenschlieren zu sehen sind, strahlt auf Sylt garantiert die Sonne. Das Inselwetter, über dem Nordatlantik zusammengebraut, ist insgesamt betrachtet recht wechselhaft. Kann man nur sagen: Alle Wetter!

Whiskystraße Teuerste Meile Deutschlands, Neu- und Altreichenavenue zwischen Kamphüs und Sturmhaube in Kampen. Hier trinkt man Austern und schlürft Whisky. Es ist Norm, daß es keine Norm(alität) gibt. Und wer nur der W. wegen nach Sylt kommt, ist reifer für die Insel, als er ahnt.

Wilhelmine Dralle Maid, die jeden anlacht, hat als Brunnenfigur seit 1980 im Zentrum Westerlands an der Wilhelmstraße Platz genommen, geschaffen von der Künstlerin Ursula Hensel-Krüger (*1925 in Hamburg, von 1963 bis 1992 auf Sylt lebend). Sie wollte – eigene Worte – durch den Anblick von Wonneproppen-Wilhelmine den Menschen Freude vermitteln. Dadurch hat sie etwas für Sylt sehr Untypisches ge-

Wettervorhersage

„Ich glaube, das Wetter ist gut auf Sylt, die Windsurfer fliegen wieder so hoch!"

Windsurfen

„Wo ist denn das Meer, Papi?“

schaffen: ein Vergnügen, das nichts kostet. Und das allein ist schon Kunst.

Wind Meist aus West kommend, weht auf Sylt fast ständig, und zwar mit einer durchschnittlichen Reisegeschwindigkeit von 20 bis 30 km/h. Das garantiert Ganzkörpermassage, an die man sich schnell und gern gewöhnt. Ohne Überwindung.

Windsurfen Auch Gabelbaumakrobatik, ist schwieriger als Eislaufen, weil man ähnlich unsicheren Stand hat, aber noch Wind und Wellen ausgesetzt ist. Seit 1984 wird der „World Cup" dieser Wellenreiter vor Sylt ausgetragen, mit hohem Preisgeld, noch höheren Zuschauerzahlen und Teilnehmern aus allen nennenswerten Nationen. Robby Naish, mehrfacher Weltmeister aus Hawaii, zählte schon häufiger zu den Startern. Und sicher nicht, weil es kein Bier auf Hawaii gibt.

X/Y

xenophil Griech. = fremdenfreundlich, ist Sylt allemal, lebt man doch von den Besuchern. Würden die Leute aber daheim bleiben und nur ihr Geld schicken – damit könnten die Sylter auch leben.

Yacht Wird heute statt des Y mit J geschrieben, bezeichnet ein luxuriös eingerichtetes Schiff für Sport- und Vergnügungsfahrten. Das Wort kann bei ungenauer Aussprache vor allem unter Flaneuren auf der Whiskystraße (siehe dort) leicht Zweifel aufkommen lassen. Sagt nämlich jemand „Ich gehe auf die J." – was meint er dann wohl? Den Luxusliner, Niederwild oder Schürzen?

Yippie

Aus dem Amerikanischen, bedeutet ideologisch radikalisierter Hippie, ist auf Sylt daran zu erkennen, daß er nicht auf Sonnen-, Lenden- und Männerschutz achtet.

Yuppie

Auch aus dem Amerikanischen, bedeutet junger, karrierebewußter, großstädtischer Mensch. Für den Y. ist Sylt-Urlaub schon aus Statuszwang unabdingbar. Und da Westerland nicht Westernland ist, heißt es dort auch nicht „hei, jippie!", sondern „hey, Yuppie!"

Z

Zisching

Atemtherapie, entwickelt von der Therapeutin Meta Pietsch, die auch auf die Behandlung durch Mund-zu-Mund-Beatmung kam, mit deren Hilfe schon viele Entleibte und Entliebte dem Dasein zurückgewonnen werden konnten. Zisching ist leicht: Arme hoch, ganz tief einatmen, Arme runter, Luft stoßweise auszischen. Noch besser: Danach in die Knie gehen, Oberkörper nach vorn und die letzte verbrauchte Luft aus den Lungenspitzen pressen. Das ganze am besten nahe beim Meer, wo die Luft am stärksten mit Aerosolen angereichert ist (siehe Flutkantentherapie).
1944 wurde diese Atemtherapie von Flüchtlingen aus Frauenburg (Ostpreußen) auf Sylt eingeführt. Kennt heute jeder Sportler. Nur kann sie nicht jeder auf Sylt praktizieren. Das entschuldigt sicher Leistungsdefizite.

Zukunft

Aus der Gegenwart betrachtet, Gegenteil von Vergangenheit. Sylts Vergangenheit ist größer als seine Z. Vor 7000 bis 8000 Jahren ragte die Landmasse der Insel 10 km wei-

Yuppie

„Du wirst es nicht glauben, aber wir sind jetzt schon 14 Tage in Westerland, und ich war noch nicht einmal am Strand!“

ter westlich in die Nordsee hinein, als es heute der Fall ist. Und Jahr für Jahr tragen Wind und Wellen im Schnitt eineinviertel Meter von der Westküste ab. Einige Jahrhunderte Zukunft, bis zum Untergang, sind Sylt noch beschieden. So relativ ist alles. Deswegen sollte aber keine Syltuntergangsstimmung aufkommen. Bedenkt man, daß die Insel erst seit gut hundert Jahren als Seebad gerühmt wird, kann man daran gemessen sagen: Sylt hat in dieser Funktion noch eine große Zukunft. So relativ ist alles.

Zwickel-Erlaß

(1932, Runderlaß von Franz Bracht, Minister des Inneren im Kabinett Schleicher, um die zunehmende Freikörperkultur auf Sylt zu unterbinden:) „Frauen dürfen nur dann öffentlich baden, falls sie einen Badeanzug tragen, der Brust und Leib an der Vorderseite des Körpers vollständig bedeckt und unter den Armen fest anliegt sowie mit angeschnittenen Beinen und einem Zwickel versehen ist. Der Rückenausschnitt darf nicht über das Ende der Schulterblätter hinausgehen.

Männer dürfen öffentlich baden, falls sie wenigstens eine Badehose tragen, die mit angeschnittenen Beinen und einem Zwickel versehen ist. In sogenannten Familienbädern haben Männer einen Badeanzug zu tragen.“ Urteil aus heutiger Sicht: Eine ziemlich verzwick(el)te Angelegenheit!

Fröh·li·che Wör·ter·bü·cher von A–Z

ISBN 3-8231-0564-7

ISBN 3-8231-0135-8

ISBN 3-8231-0543-4

ISBN 3-8231-0126-9

ISBN 3-8231-1022-5

ISBN 3-8231-0176-5

ISBN 3-8231-0166-8

ISBN 3-8231-0139-0

ISBN 3-8231-0082-3

ISBN 3-8231-0189-7

ISBN 3-8231-0116-1

ISBN 3-8231-1003-9

ISBN 3-8231-1002-0

ISBN 3-8231-0105-6

ISBN 3-8231-0138-2

ISBN 3-8231-1006-3

ISBN 3-8231-0096-3

ISBN 3-8231-0070-X

ISBN 3-8231-0095-5

ISBN 3-8231-0110-2

ISBN 3-8231-0110-2

ISBN 3-8231-0069-6

ISBN 3-8231-0162-5

ISBN 3-8231-0101-3

ISBN 3-8231-0190-0

ISBN 3-8231-0565-5

ISBN 3-8231-0120-X

ISBN 3-8231-0060-2

ISBN 3-8231-0137-4

ISBN 3-8231-0534-5

ISBN 3-8231-0152-8

ISBN 3-8231-0157-9

ISBN 3-8231-0079-3

ISBN 3-8231-0080-7

ISBN 3-8231-0114-5

ISBN 3-8231-0068-8

ISBN 3-8231-0113-7

ISBN 3-8231-0541-8

ISBN 3-8231-0544-2

ISBN 3-8231-1004-7

ISBN 3-8231-1005-5

ISBN 3-8231-1007-1

ISBN 3-8231-0107-2

ISBN 3-8231-0128-5

ISBN 3-8231-0191-9

ISBN 3-8231-0067-X

ISBN 3-8231-0112-9

ISBN 3-8231-0086-6

ISBN 3-8231-1021-7

ISBN 3-8231-0078-5

ISBN 3-8231-0542-6

ISBN 3-8231-0149-8

ISBN 3-8231-0548-5

Fröh·li·che Wör·ter·bü·cher von A–Z

ISBN 3-8231-0546-9

ISBN 3-8231-0167-6

ISBN 3-8231-1000-4

ISBN 3-8231-0077-7

ISBN 3-8231-0088-2

ISBN 3-8231-0129-3

ISBN 3-8231-1013-6

ISBN 3-8231-0143-9

ISBN 3-8231-1015-2

ISBN 3-8231-0098-X

ISBN 3-8231-0168-4

ISBN 3-8231-0119-6

ISBN 3-8231-0123-4

ISBN 3-8231-0134-X

ISBN 3-8231-1016-0

ISBN 3-8231-0650-3

ISBN 3-8231-0163-3

ISBN 3-8231-1008-X

ISBN 3-8231-0192-7

ISBN 3-8231-0076-9

ISBN 3-8231-0193-5

ISBN 3-8231-0164-1

ISBN 3-8231-0170-6

ISBN 3-8231-0124-2

ISBN 3-8231-0539-6

ISBN 3-8231-0066-1

ISBN 3-8231-0140-4

ISBN 3-8231-0194-3

ISBN 3-8231-0538-8

ISBN 3-8231-0091-2

ISBN 3-8231-0185-4

ISBN 3-8231-0153-6

ISBN 3-8231-0117-X

ISBN 3-8231-0566-3

ISBN 3-8231-0558-2

ISBN 3-8231-0568-X

ISBN 3-8231-0171-4

ISBN 3-8231-0065-3

ISBN 3-8231-0097-1

ISBN 3-8231-0572-8

ISBN 3-8231-0156-0

ISBN 3-8231-1009-8

Fröh·li·che Wör·ter·bü·cher von A–Z

ISBN 3-8231-0109-9

ISBN 3-8231-0175-7

ISBN 3-8231-0064-5

ISBN 3-8231-0567-1

ISBN 3-8231-0560-4

ISBN 3-8231-0535-3

ISBN 3-8231-0073-4

ISBN 3-8231-0537-X

ISBN 3-8231-0111-0

ISBN 3-8231-0561-2

ISBN 3-8231-0559-0

ISBN 3-8231-0536-1

ISBN 3-8231-0151-X

ISBN 3-8231-0130-7

ISBN 3-8231-1020-9

ISBN 3-8231-0158-7

ISBN 3-8231-0131-5

ISBN 3-8231-0530-2

ISBN 3-8231-0531-0

ISBN 3-8231-0141-2

ISBN 3-8231-0083-1

ISBN 3-8231-0150-1

ISBN 3-8231-0569-8

ISBN 3-8231-0145-5

ISBN 3-8231-0146-3

ISBN 3-8231-0115-3

ISBN 3-8231-0178-1

ISBN 3-8231-0118-8

ISBN 3-8231-1010-1

ISBN 3-8231-1011-X